ulrich schaffer · jesus, ich bin traurig froh

ulrich schaffer

jesus, ich bin traurig froh

fragantworten
und
selbstgespräche

r. brockhaus verlag
wuppertal

r. brockhaus taschenbücher – »tween 2000«
band 2010

6. auflage 1982

© 1976 r. brockhaus verlag wuppertal
umschlagfoto: ulrich schaffer
gesamtherstellung: breklumer druckerei manfred siegel
ISBN 3-417-22010-6

vorbemerkung

wir führen alle den ganzen tag einen dialog mit uns selbst, mit anderen, mit gott, ohne daß auch nur ein wort über unsere lippen kommt. wir werden von etwas bewegt. wir nehmen stellung. wir sehen meistens zunächst eine seite — die offensichtliche seite, unsere seite. dann überlegen wir weiter und merken dabei, daß man es auch anders sehen kann. das ist der dialog, das selbstgespräch! wir werden uns selbst zum partner und werden so um die anderen ansichten reicher.

ich sage . . . darauf sagte er . . . darauf sage ich so . . . wenn wir diese selbstgespräche in einer schöpferischen art führen und nicht nur versuchen, unsere erste sicht zu verteidigen, dann werden wir lernen auch auf das zu hören, was gott uns sagen will. dann treten wir in den dialog mit gott ein.

vielleicht kann dieses büchlein dazu dienen, die anderen stimmen in uns, die stimmen die mit uns in einen dialog treten wollen, ernst zu nehmen und nicht gleich zu verneinen. das selbstgespräch ist im grunde eine vorstufe zu jedem sinnvollen dialog mit gott und menschen.

die meditationen dieses büchleins versuchen diese selbstgespräche festzuhalten. nr. 1 jeder meditation zeichnet die erste stimme auf. dann stellen sich die anderen stimmen ein. manche führen die erste stimme weiter, vertiefen sie. manche wenden sich gegen sie, befragen sie, untersuchen sie, ob sie standhält. so geht es hin und her zwischen aussage, anklage, selbstanklage, einsicht und überzeugung.

mit jeder neuen sicht, mit jedem neuen selbstgespräch, wird licht auf die ursprüngliche frage geworfen. aus manchen antworten erwachsen neue fragen, und manche fragen werden, wenn sie klarer formuliert werden, zu antworten. manche meditationen bleiben ganz offen. andere wiederum werden in gewisser weise abgerundet und muten vielleicht wie eine antwort an. aber auch diese antwort kann befragt, erweitert und vertieft werden. für mich gab es zum zeitpunkt des schreibens mancher meditationen eine antwort, und manchmal kommt diese auch durch. ob ich es immer noch so sehe wenn das buch erscheint, weiß ich nicht. denn auch bei mir geht der dialog, das selbstgespräch und das gespräch mit gott weiter.

für den Leser wäre es eine gute übung, ab und zu nur nr. 1 in einer meditaion zu lesen und dann das buch zu schließen, in sich hinein zu hören und dann vielleicht die gespräche, die sich da entspinnen, aufzuschreiben. in all unseren selbstgesprächen ist es wertvoll, uns an der bibel zu orientieren, die bibel als korrektiv zu gebrauchen. eine hilfe dazu sollen die auf den seiten 59/60 angegebenen bibelstellen sein.

ulrich schaffer
burnaby im januar 1976

laß den menschen nie vergessen
daß du auch dann redest,
wenn du schweigst;
schenke ihm diesen trost,
wenn er auf dich baut,
daß du aus liebe schweigst,
wie du aus liebe redest,
so daß nun ob du schweigst oder redest,
du doch derselbe vater bist,
dieselbe väterlichkeit
ob du durch deine stimme leitest
oder durch dein schweigen erziehst.

— sören kierkegaard

jesus
in mir geht es hin und her
eine meinung löst die andere ab
alles scheint möglich
und alles scheint unmöglich zu sein

meine handlungsweise muß richtig sein
andererseits kann sie aber nicht richtig sein

meine worte waren viel zu hart
aber eigentlich waren sie nicht hart genug
oder sie waren zum falschen zeitpunkt gesagt

ich will bei einer sache nicht mitmachen
andererseits ist es aber auch wichtig
mich nicht zurückzuziehen
weil dann mein korrektiv fehlt

ich will
aber ich will auch nicht
ich weiß daß ich wollen sollte
aber ich weiß auch
daß ich nicht will weil ich meine
sollen zu müssen

ich stehe zwischen den vielen alternativen
ich bin traurig froh
ich bin ein mensch in der schwierigkeit
entscheidungen treffen zu müssen
antworten geben zu wollen
stellungen beziehen zu können

jesus nimm mir die angst
vor den unterschiedlichen stimmen
damit ich lerne zu hören
was du mir durch jede stimme sagen willst

sich hingeben

1

wie mache ich das: mich dir hingeben?
ich übe es nun schon seit jahren
und weiß immer noch nicht ob ich es kann
ob ich es richtig mache

ich will es lernen
ich will auf dich warten
aber selbst warten fällt mir schwer
weil ich nicht weiß wie ich warten soll

was muß ich tun?
was darf ich nicht tun?
wie weit darf ich denken?
wo muß ich meinen willen opfern?
wo höre ich auf und wo beginnst du?

2

ich merke
daß zur hingabe auch gerade das gehört
was ich nie dazuzähle:
nicht wissen wie es richtig zu tun ist
aber glauben
daß gott mich annimmt in meinem versuch

daß gott sich bekennt
zu meinem warten
zu meinem tun und nicht-tun
zu meinem denken
zu meinem drangeben des verstandes

jesus
für mich heißt hingeben
daran zu glauben daß du auf meiner seite stehst
daß du dich für mich entschieden hast
ganz gleich was ich auch tue

jesus
ich werde froh
weil ich frei von mir selbst werde
und nicht mehr das richtige tun muß
um von dir angenommen zu werden
weil die liebe zwischen dir und mir
seit ewigkeit feststeht
und ich mich nur noch daran zu halten brauche

3

in mir steigt deine liebe auf
gerade da wo ich unsicher werde
und meinte du hättest mich vergessen

von freude überfallen

1

heute habe ich es wieder erlebt
daß du plötzlich da bist
mich überfällst mit deiner gegenwart
ohne äußerlichen grund
ohne mein zutun
ohne vorbereitung
stehst du plötzlich da
mit deiner ganzen freude
mit der erleichterung die von dir ausgeht
mit deiner sinngebung für meine welt

da bist du nun
und ich kann nur lachen
über die zusammenhänge in meinem leben
ich kann nur lächeln
und weiß selbst nicht worüber

aber ich spüre deine befreiung
und merke
daß ich in meiner freude
ganz mensch werde

2

ich bin so stark in dieser freude
mein leben erhält eine neue spannkraft
und wird spannend auch für andere
die mit mir in berührung kommen

aber nur weil die freude
mit dir in verbindung steht
ist sie wirkliche freude
denn jede gemachte freude
hinterläßt eine große leere

3

aber ich weiß auch
daß die echte freude
die jetzt so unantastbar scheint
ein plötzliches ende haben kann

daran will ich nicht denken

4

doch auch daran will ich denken
denn der anfang der freude
der höhepunkt der freude
und das ende der freude
stammen alle von gott

5

dann passiert das erstaunliche:
die freude wird zu einem hintergrund
auf dem sich alles abspielt
eine sicherheit mit der die unsicherheit
zu ertragen ist

ein hintergrund der kaum zu bemerken ist
der aber dem bild den halt
und die perspektive gibt

ich suche dich

1

ich suche dich
in der stille in mir
denn es reicht heute nicht mehr
zu guten formulierungen
zu gebeten die mich ausreichend ausdrücken
auch will ich vor dir
nicht mehr die richtigen worte finden müssen
denn ich weiß
daß du davon nichts abhängig machst

alles was ich dir opfern kann
sind meine schlecht formulierten fragen
und ein zerschlagenes herz

die unverständlichkeit des lebens
legt sich mir auf den magen
auf die augen
auf meine sprache
entleert im handumdrehen mein leben
entzieht meinen handlungen den sinn
und gibt mir einen starren blick
der sich in dinge bohrt
und nicht mehr zurückkehrt

so suche ich dich
mir so nah
und doch heute
so weit weg

wo bin ich falsch gegangen
daß es mir heute so geht?

2

es wird mir klar
daß gott mein suchen den ganzen tag gesehen hat
und daß er nichts getan hat
weil er mir zeigen wollte
wie es so vielen menschen geht
die den sinn ihres lebens verloren haben

ich weiß
daß ich wachsen muß
daß ich neue erlebnisse machen muß
daß ich mich nicht auf alte erfahrungen verlassen kann
sondern das ich das leben
tiefer als nur vom hören-sagen kennenlernen muß

und ich weiß
daß das leiden und alleinsein
zu den wichtigsten erlebnissen gehört
wenn wir andere verstehen wollen

3

jesus ich freue mich
daß ich nichts mehr formulieren konnte
in meinem gebet
daß ich leer war
daß mir einfach die worte fehlten

und daß ich so merken konnte
wie es nicht an mir liegt
daß ich noch bei dir bin
sondern an deiner hand
die mich hält

4

hier hast du alles:
meinen verkorksten magen
meine starren augen
mein zerschlagenes herz
meine unzureichende sprache

ich werde froh
auch wenn du weit weg erscheinst
vielleicht sogar weil du weit weg erscheinst
denn ich weiß
daß sich gerade dahinter so oft
deine ganz besondere nähe versteckt

weil du mich liebst
läßt du mich so allein

und damit beginnt ein neuer abschnitt
in unserem verhältnis

allein mit Jesus

1

wenn ich traurig bin
versuchen sie mich aufzumuntern
durch redensarten wie:
es wird schon besser werden
laß dich das nicht so mitnehmen
kopf hoch
wir verstehen das

und damit erreichen sie genau das gegenteil
denn ich suche nicht
mitleid und wohlgemeinte ratschläge

jedesmal merke ich
wie sie mich aufmuntern wollen
damit sie es mit mir nicht so schwer haben
damit ich ihnen nicht so auf die nerven falle
damit ich sie durch meine art nicht beunruhige

aber keiner von ihnen
will herabkommen zu mir
keiner will mit mir durchstehen was ich erlebe
kaum jemand interessiert sich überhaupt
für meine gedanken

bist du jesus
wenigstens noch bei mir?

2

vielleicht geht es ja gerade nicht darum
daß jemand meine gedanken mit mir teilt
weil sie dadurch schon in ihrem ansatz
verändert werden

vielleicht ist der moment gekommen
wo ich in meine gedanken hineinsteigen soll
und ergründen soll wie tief sie sind
und was ihre motive sind

3

mir fällt auf
daß ich immer viel zu schnell
alles mit andern teilen will
und darum meine gefühle und gedanken
oberflächlich bleiben
denn durch reden
wird vieles vereinfacht

4

jesus steht mir gegenüber
läßt mich allein ausdenken
unterbricht meinen gedankengang nicht
biegt auch nicht ab was vielleicht
in die falsche richtung laufen könnte
hält mich nicht vor dem gefährlichen zurück
sondern läßt mir die freiheit
in der ich selbstständig werde
weil er will
daß ich mich frei für oder gegen ihn entscheide

die stille erpressung

1
warum kann ihn meine freude nicht überzeugen?
warum kann er nicht so glauben
daß er froh wird?
warum strahlt er nicht
wo er doch so viel grund zur freude hat?
was ist los mit ihm?

er hängt den kopf
er spricht von schwierigkeiten
er spricht von gedanken die er nicht teilen will
oder er schweigt ganz und gar
als traue er mir nicht zu
daß ich ihn verstehe

ich weiß nicht wie ich ihm begegnen soll

2
mir fällt auf
wie ich glaube
daß freude sich immer
in einem strahlenden gesicht ausdrücken müsse

und weil das bei ihm nicht so ist
habe ich angenommen er sei nicht froh
und so habe ich versucht ihn mit meiner freude
aus seiner trauer zu holen
und habe dabei gar nicht gemerkt
daß er nicht traurig ist

3

heute war ich so zu ihm
wie immer
aber ich habe versucht
mich in seiner lage zu sehen
ich habe geredet aber auch gleichzeitig
mir selbst zugehört
und dabei überraschendes gemerkt

ich habe das unechte
meines strahlenden gesichtes gespürt
ich habe gemerkt
wie meine freude versucht
ihn zu erpressen
wie mein strahlen ihm schuldgefühle geben muß
weil er nicht so strahlen kann

ich habe gemerkt
daß ich eigentlich gegen ihn bin
und ihm im stillen vorwürfe mache
daß er nicht so ist wie ich

ich habe versucht
ihn zu meinem lachen zu bekehren
ich habe versucht sein denken abzustellen
und ich habe seine schwierigkeiten
nicht ernst genommen

ich habe sein schweigen nie wirklich verstanden

4

ich weiß daß mich seine andersartigkeit stört
daß ich sogar angst habe davor
daß ich mich angegriffen fühle
wenn er nicht so mitmacht
wie ich es mir vorstelle
denn er stellt meine art in frage
mit seinem stillsein

5

jetzt lerne ich
daß freundlichkeit
nicht immer freundlichkeit sein muß

und daß ich dem anderen
oft mehr freude bringe
wenn ich meine freude zurückhalte
und seine trauer teile

wenn ich ihm begegne
wo er ist
und nicht wo ich ihn haben will

6

ich halte mein gefühl zurück
damit es eine tiefere tiefe erreicht
ehe es ausbricht und dem anderen begegnet

dann bin ich sicherer
daß es nicht nur affektiert ist
um dem anderen ein gewisses bild von mir
zu vermitteln
dann werde ich auch meinen freund eher überzeugen
ohne daß ich mich anstrenge
oder ihn gar erpresse

und ich will offen sein
für die vielen verkleidungen der freude
und der trauer
denn vieles ist nicht
was es beim ersten blick zu sein scheint

neuer weg oder irrweg?

1

wie soll ich verstehen
daß die anderen
die mich doch gut kennen
meinen ich sei auf dem irrweg
wenn ich nur versuche
meinem glauben neuen ausdruck zu geben?
wenn ich nur versuche
so zu leben wie ich mich fühle
so wie ich es verantworten kann
so wie es wirklich in mir aussieht?

denn ich halte es nicht mehr aus
    etwas nur weiter zu machen
    weil ich es einmal begonnen habe
oder etwas anderes nicht zu tun
    weil ich es bisher nicht getan habe
oder gewisse gedanken nicht zu denken
    nur weil sie vielleicht gefährlich sein könnten

in dem nachleben und nachsprechen
des überlieferten stirbt mein glaube
weil er sich nicht durch seinen eigenen einsatz
erneuert

2

ich merke was schon andere vor mir gemerkt haben:
der mensch der aufräumt
oder auch nur versucht aufzuräumen
mit falschen vorstellungen in seinem leben
mit bildern von dingen und menschen
die sich längst verändert haben
mit glaubensaussagen die für ihn leer geworden sind
mit ansichten die er nicht mehr wirklich
vertreten kann und will
dieser mensch
wird als der angesehen
der alles durcheinander bringt
der sich nicht an ordnungen halten kann
der gefährlich ist

3

was bleibt mir viel übrig
als auch da weiter zu gehen
wo man meine motive mißversteht
wo man mir ins gewissen redet
und mich vom irrweg abbringen will
denn mein glaube
muß doch jeden tag *mein* glaube sein

4

aber bei jedem schritt
merke ich die gefahr
nur zu reagieren
etwas nur zu tun
um etwas anderes nicht mehr zu tun

und da brauche ich deine hilfe jesus
denn beim aufräumen
will ich nichts verlieren
was ich behalten sollte

mache mich aufmerksam
wenn ich dich verlasse
auf meinem neuen weg
wenn ich dich ausräume
beim aufräumen

hilf mir bei meiner gratwanderung

5

während ich so versuche die balance zu halten
zwischen dem alten und neuen
spüre ich eine klarheit
wie ich sie sonst nicht erlebt habe
denn nun bin ich kein nachahmer mehr
kein nachsager
kein rollenspieler
keiner der anderen gerecht werden will
und sich selbst dabei verliert

ich bin ein kind gottes
auf dem weg in die volle freiheit

das schöne schwere miteinander

1
ich habe schwierigkeiten
mit diesem menschen zu reden und zu leben
denn wir sind so verschieden
und mißverstehen uns ständig

ich kann nicht wirklich ich sein
ich muß mich ändern und anpassen
vorgeben jemand zu sein der ich nicht wirklich bin
und das ist anstrengend

ich möchte am liebsten davonlaufen

2
ich sehe
daß es dem andern
mit mir
genau so geht
wie mir mit ihm

beenge ich ihn
so wie er mich?
verliert auch er seine freiheit
in meiner gegenwart?
möchte er auch am liebsten davonlaufen?

das gibt mir zu denken

3

ich untersuche meine motive ihm gegenüber
und die regungen die ich sonst kaum merke
und ich stelle fest
daß ich ihn oft anders haben will
als er ist
und anders als er vielleicht sein kann

ich lege einen druck auf ihn
mit meinen erwartungen
und er sträubt sich ganz natürlich dagegen
wie ein mensch der seinen eigenen weg gehen will

es muß nicht leicht sein
mit mir zu leben

4

sind wir am ende nicht alle so?
sind wir nicht alle in gewisser weise
engstirnig
verbohrt
rechthaberisch
und manchmal unausstehlich?

sind in uns nicht genug zeichen des falls
des abfalls von gott
die das leben miteinander unmöglich machen?

5

nein
ich bin nicht bereit so leicht aufzugeben
aber ich weiß daß ein fester entschluß
ein entschiedener wille nötig sind
um zum andern zu finden

ich will dein leben mit dir teilen
ich will mein leben mit dir teilen
auch wenn es schwer wird
ich bin bereit deinen erwartungen zu begegnen
nicht unbedingt zu tun was du wünschst
aber doch an deine erwartungen zu denken
wenn ich mein leben überprüfe

wenn auch du den willen zu mir hast
wenn auch du bereit bist
die schwierigkeiten eines engen verhältnisses
auf dich zu nehmen
wenn du auch »ja« sagst
zu all dem schweren und unerlösten zwischen uns
dann haben wir eine echte chance
und eine wirkliche hoffnung
eine freundschaft herzustellen
die reicher ist als viele andere freundschaften
weil wir mehr überbrücken müssen
aber darum auch mehr einschließen können
in unsere freundschaft

kurz vor dem aufgeben

1

ich habe heute wieder zwischen menschen gestanden
die lichtjahre von mir entfernt sind
deren witze mich niederdrücken
deren oberflächlichkeit mich reizt
deren gefühllosigkeit mich gefühllos zu machen droht

jetzt am ende des tages fühle ich mich schmutzig
und alles zarte und feine
scheint aus meinem leben geflohen zu sein
ich bin dabei aufzugeben weiterhin beziehungen
zu anderen menschen anzuknüpfen

mein leben scheint nur noch
aus müdigkeit zu bestehen

2

doch dann muß ich an den denken
der 33 jahre unter verirrten und blinden lebte
ihre abstumpfung jeden tag ansehen mußte
ihre unempfindsamkeit und brutalität erlebte
und doch nicht aufgab an der welt teilzunehmen
sondern sich immer wieder einzelnen widmete
sie veränderte
während er auch dann oft noch einsam blieb

ich denke an den
der uns die sünde hassen lehrte
und den sünder lieben
der die sünde haßte
weil sie den menschen zum mörder macht
zum mörder mit dem wort
mit der kleinen tat
mit gleichgültigkeit

ich denke an den
dessen liebe zu menschen wuchs
weil er wußte
daß die menschen ein opfer der sünde sind
und sich selbst nicht befreien können

ich denke an den
der sich wegen seiner liebe zu den sündern
und seinem haß gegen die sünde
kreuzigen ließ
denn dadurch
und nur dadurch
konnte der teufelskreis gebrochen werden

und ich bin bereit
mein leben auf mich zu nehmen
im gedanken an dich
jesus

3
plötzlich
kann ich durch meine mitmenschen hindurchsehen
sehe die erbarmungslose gefangenschaft
in der sie sich befinden
aus der sie ausbrechen möchten
aber nicht wissen wie

4

wie mag es dir ergangen sein?
was tatst du als kind und teenager
in nazareth
einer kleinstadt mit vielen cliquen
und viel gerede?
wer waren deine freunde
und wie verstandst du dich mit ihnen?
was erwarteten deine eltern von dir
und konntest du ihnen gerecht werden?

wie ging es dir mit deinen jüngern
die dich immer wieder falsch verstanden?
fühltest du dich nicht schon längst verraten
bevor judas es tat
und hast du auch ans aufgeben gedacht
in gethsemane zum beispiel?

wie wurdest du mit den witzen
deiner mitmenschen fertig?
wo hast du mitgemacht?
wie wußtest du die grenze?
wie hat man dich angesehen
wenn du nicht mitmachen wolltest?

wie würdest du meinen platz ausfüllen?

5

du hast mir das leben anvertraut
das volle leben
zwischen himmel und hölle
zwischen berauschender freude
und todähnlicher trauer
zwischen kommunikation und einsamkeit
zwischen erklärung und schweigen

und ich will dich nicht verraten jesus
indem ich mich aus dem leben zurückziehe
und ich will das leben nicht verraten
indem ich aus dem leben zu dir fliehe
weil du nur mitten im leben
und im am-leben-leiden
zu finden bist

ich will da leben
wo du auch gelebt hast
und noch lebst
in mir

christ sein ohne namen

1
manchmal möchte ich das wort »christ«
gar nicht mehr gebrauchen
weil es so mißverstanden wird
daß es eigentlich für die meisten menschen
nichts mehr bedeutet
oder etwas bedeutet was mit dem christsein
nichts zu tun hat

dann möchte ich nur noch ein mensch sein
in der ganzen anfälligkeit des menschseins
ein mensch wie christus
dessen wahrheit in seiner existenz lag
der seinen glauben lebte
der selbst das wort war
und darum wenig worte machen mußte

2
als er lebte
gab es noch keine christen
sondern nur menschen die ihn liebten oder haßten
und beide einstellungen
jeweils mit dem leben bezeugten

3
die bezeichnung
der name
die zugehörigkeit
kamen alle *nach* jesus
entstanden aus der notwendigkeit
dem kind einen namen zu geben
alles zu ordnen und zu systematisieren

doch die bezeichneten
die benannten
und die für zugehörig erklärten
konnten sich nun hinter dem namen verstecken
und es wurde viel leichter
dem zu folgen
nach dem man benannt wurde

4
auf der gruppe liegt segen
aber nur für den
der sich nicht hinter der gruppe versteckt
um nicht selbständig werden zu müssen

5
wir müssen einen namen haben
    als hätten wir ihn nicht
wir müssen leben
    als wäre jeder tag unser erster und letzter
als fixpunkt unseres lebens
    müssen wir einen mann haben
    und nicht ein dogma

christus

zueinander finden

1
ich mag nicht sagen
was ich wirklich fühle
denn ich spüre
daß es nicht verstanden werden würde

vielleicht würde man lächeln
mich bemitleiden
mich nicht ganz für voll nehmen
oder mich einfach langweilig finden
und hoffen daß ich bald ausgeredet habe

darum sage ich nichts
ich will nichts sagen
nein!

das ist doch wohl zu verstehen!

2
aber ich weiß auch
daß etwas geschehen muß
wenn wir uns näher kommen wollen

so kann es nicht weitergehen

3

soll doch der *andere* anfangen
über sich selbst zu reden
nicht nur über seine gedanken
sondern auch über seine gefühle

soll er sich doch auch einmal auftun
und zeigen wer er ist

warum immer ich?

4

warum habe ich eigentlich solche angst
belächelt zu werden?
warum habe ich angst vor mitleid?
warum erwarte ich
immer gleich verstanden zu werden?
warum sollen manche mich
nicht langweilig finden?

5
ich sehe
daß einer den anfang machen muß
und sich preisgeben
darum will ich mich zeigen wie ich bin
und vielleicht so die freiheit schaffen
daß andere auch aufhören nur rollen zu spielen

denn das ist der anfang
für ein verstehen
das weiter reicht
als ein austausch von geplänkel

ich will der sein
der sich traut
denn einer muß es tun
weil es nicht von selbst beginnt

klares leben

1
ich bin in einer lage
in der ich ausgenutzt werde
ohne dabei dem andern zu helfen

ich werde schuldig wenn ich mich ausnutzen lasse
denn der andere verliert den respekt
vor mir und vor sich selbst

ich bin ihm aus dem weg gegangen
habe ihm meine position erklärt
aber nichts hat eine lösung gebracht

seine fragen enthalten schon die antworten
die ich geben muß
wenn keine dicke luft aufkommen soll

was ich ihm schenken will
nimmt er mir aus der hand
als gehöre es ihm

und langsam wird unser verhältnis zerstört
denn es wächst abneigung
da wo wir im voraus schon einkalkuliert werden

wo wir die freiheit verlieren
uns in jeder minute
neu zu entscheiden wie wir wollen

2

mir fällt dabei auf
daß ich nicht ganz klar »nein« sagen kann
daß ich es einfach noch nicht gelernt habe
etwas abzuschlagen
daß ich immer schneller zum »ja«
als zum »nein« neige
und mich darum von andern überfahren lasse

mir geht jetzt auf
daß ich die verantwortung habe
manchmal »nein« zu sagen
wenn mir der andere und mein verhältnis zu ihm
wichtig sind

wie soll er denn auch wissen
wer bin ich?
wie soll er wissen
wer er ist
wenn ich mich kompromittiere
und unehrlich bin?

ich merke
wie ich dazu beigetragen habe
daß es soweit gekommen ist
denn ich bin auf seine erwartungen eingegangen
weil ich wünschte
daß er mich gern hat
weil ich freundlich sein wollte
und dabei unehrlich wurde
und so habe ich mich an ihn verkauft
aber jetzt mache ich ihm vorwürfe

3

ich will versuchen klarer zu leben
so daß jeder weiß woran er mit mir ist
so daß meine worte wieder gewicht bekommen
und es wieder etwas bedeutet
wenn ich »ja« sage
oder wenn ich »nein« sage

nur so werde ich mich aus den schlingenarmen
meiner mitmenschen befreien
und ihnen wirklich näher kommen können

schlechtes gewissen

1
jesus
in meinem glauben verändert sich vieles
denn es fällt mir auf
daß ich so manches nur als frommes werk
für dich tue
und das will ich nicht

ich durchdenke darum neu
warum ich die bibel lese
warum ich bete
was ich mit meinem gebet bezwecken will
was meine motive sind
wenn ich nach deinem willen frage
und warum ich mit anderen über dich spreche

und bei diesen überlegungen merke ich
wie du mir noch wertvoller wirst
weil ich dir so begegnen kann wie ich bin

du bist mir nah
    obwohl ich nicht über deine nähe spreche
ich merke deine hand in meinem leben
    obwohl ich nicht ständig nach deinem willen frage
meine gedanken kreisen oft um dich
    auch wenn ich dich nicht direkt anrufe

warum meine ich dir denn nicht zu genügen?
warum habe ich denn ein schlechtes gewissen?
was erwartest du von mir?

2
ich merke
daß ich mein leben
immer wieder durch die augen meiner bekannten sehe
anstatt zu versuchen
es durch die augen gottes zu sehen

und ich weiß daß meine bekannten
allerhand an mir auszusetzen haben
besonders weil ich einem gewissen stil nicht folge
weil ich mich nicht richtig einordne
und gegen all das verstoße
was man seit vielen jahren als heilig gestempelt hat

und doch werden diese erwartungen
zu einem gewissen für mich
und ich kann mich nur sehr schwer davon befreien

ich muß unterscheiden lernen
zwischen dem anspruch der menschen
und dem anspruch gottes
denn auch menschen kann ich letztlich
nur dann gerecht werden
wenn ich zuerst gott gerecht werde

3
jesus
ich will nicht einmal fragen
was du von mir willst
sondern im glauben vor dir stehen
und wirklich glauben
daß mein leben in deiner hand ist
und mein leben in dir nicht abhängig ist
von gewissen handlungen meinerseits
daß ich dir nicht beweisen muß
daß ich dich liebe
weil du es ohnehin besser weißt
als ich
wie ich dich wirklich liebe

jesus ich will mir nichts vormachen
 und besonders dir nichts vormachen
dich nicht mit frommen werken gut stimmen
denn schon lange erwartest und erhoffst du viel mehr
von deinen söhnen

ich bin dein sohn gott
und du als mein vater
weißt am besten
daß ich dein sohn bin
ohne daß ich es dir beweise

in dieser gewißheit will ich bei dir ruhen
und auch keine angst vor meinen fehlern haben
denn auch meine fehler
können uns nicht voneinander trennen

4
vielleicht muß das in-alle-welt-hinausgehen
ein aussenden des schweigens werden
um gott nur noch zu *leben*
und so lauter zu reden
als alle mißbrauchten worte

5
vielleicht ist schweigend vor dir zu stehen
das größte lob
was wir dir bringen können

vielleicht ist manches anders
als wir es gelernt haben
von menschen die den buchstaben erfüllen wollen

vielleicht muß sich in unserem leben
vieles ständig verändern
um gleich zu bleiben:
unser zeugnis von dir zum beispiel

was ich heute von dir sage
   kann ich morgen
   vielleicht schon nicht mehr wiederholen
   ohne zu lügen
was ich heute von dir singe
   kann morgen schon leer sein
was ich heute bete
   kann morgen schon geplapper sein

und was ich heute zurückhalten muß
muß ich vielleicht morgen offen sagen

enttäuscht von mir selber

1
ich bin so enttäuscht von mir selber
denn ich hatte gedacht
daß ich diese situation meistern würde
daß meine geduld und liebe ausreichen würden

ich habe mich richtig vorbereitet
damit auch wirklich alles klappt
ich habe gebetet
ich habe gehofft

stimmt etwas mit mir nicht
daß mir auch dies wieder fehlschlagen muß?
was soll sich denn in meinem leben ändern?
was soll ich tun?

2
ich habe mich überschätzt
und darum bin ich unzufrieden
ich habe wohl zu gott gebetet
ihm meine sorgen unterbreitet
aber letztlich habe ich doch nichts von ihm erwartet
sondern wollte alles selbst machen
und habe ihn nur in kenntnis meiner lage gesetzt

rückblickend sehe ich jetzt manches klarer:
als das gespräch mit meinem freund schief lief
habe ich alles getan um es zu retten
weil ich keine peinliche situation wollte
und gerade die wollte gott
um mir etwas zu zeigen

als ich ein andermal merkte
wie mir die liebe ausging
gerade als ich meinte sie sehr nötig zu haben
habe ich liebe produziert
anstatt darauf zu warten
sie von gott geschenkt zu bekommen
denn das wollte er

oder als ich merkte wie die anderen ehrlich wurden
habe ich mich verteidigt
und habe nicht erwartet
von gott verteidigt zu werden
denn das wollte er

ich habe abgeschwächt und aufgebauscht
verschwiegen und übertrieben
alles um mir das leben ein wenig einfacher zu machen
und den schwierigkeiten aus dem wege zu gehen
und jetzt brauche ich mich darum
eigentlich nicht zu wundern
daß alles nicht klappt

ich will lernen
daß hingeben oft ist:
nichts mehr tun
gott tun lassen
auch wenn ich dabei meinen guten ruf verliere

an falscher stelle gesucht

1
ich habe so viel versucht
aber nichts scheint richtig zu funktionieren:
nicht die großen gruppen
und auch nicht die kleinen
diese richtung nicht
aber auch nicht die andere
ich habe getan was man mir vorschlug
und ich habe gelassen
was man mir vorschlug zu lassen
ich habe dieses buch gelesen
ich habe gewisse fragen gefragt
und andere unterschlagen
ich habe diskutiert und analysiert
ich habe aufgegeben und neu angefangen
und aufgegeben
ich bin geheimtips gefolgt
ich habe freunde verlassen
und habe neue freunde gefunden
aber es half alles nichts
ich blieb leer

doch ich weiß
auch wenn ich aufgebe
werde ich im stillen doch weitersuchen
denn was gibt es weiter im leben?

2

ich suche die freude außerhalb von mir
in dingen versammlungen und menschen
und hoffe auf das große glück
auf die richtigen umstände

und dabei habe ich angst
in mich selbst einzudringen
um dort zu entdecken
daß jesus auf mich wartet
und den reichtum den ich suche
schon in mich hineingelegt hat

3

jetzt bin ich endlich still
sehe das reich gottes *in* mir
und kann es darum auch *um* mich sehen
jetzt merke ich wie jesus *in* mir neugeboren wird
und ich ihn darum auch *um* mich sehen kann

4

ich merke
daß meine fragen *in* mir beantwortet werden müssen
und daß wenn ich gott liebe
mich alles näher zu ihm bringt
auch alle enttäuschungen
alle einsamkeit
alle unbeantworteten fragen
denn in meiner suche
strecke ich mich aus zu dir
jesus

leiden wollen

1

warum muß mir das immer passieren?
warum mir? was habe ich getan?
warum muß bei der arbeit
mit meinen freunden
mit meiner gemeinde
alles schief laufen?

warum kann es bei mir
nicht auch so unkompliziert zugehen
wie bei anderen?

ich bekomme angst
ich werde unsicher
ich traue mir nicht mehr
und auch gott gerät für mich ins schwimmen

es ist als ob meine aufmerksamkeit
immer nur auf das negative des lebens
gezogen wird
überall sehe ich versagen
das schwere
das zerbrechende
das leid
vor dem ich mich nicht retten kann

wie kann ich dem allen entgehen?

2
ich merke
daß ich nicht leiden will
daß ich ausweiche und weglaufe
während gott nach menschen sucht
die mit ihm leiden wollen
die eindringen wollen
in das geheimnis des leidens
die keine angst haben
vor dem angst haben
die durch gethsemane bis nach golgatha
gehen wollen

jesus sucht nach menschen
die da noch stehenbleiben
wo andere weglaufen
wo ich weggelaufen bin
wo sich das leid als erschreckende wunde auftut
und die verlorenheit des menschen zeigt
wo nur der glaube allein durchträgt

3
ich will da stehen bleiben
und das leid aushalten

ich will aufhören an mir selbst zu leiden
um frei zu werden für das leid anderer

ich will mich bereit machen
von gott in das geheimnis des leidens
geführt zu werden
in das herz für die welt

der anspruch des lebens

1
an tagen wie heute
fühle ich den anspruch des lebens so stark
daß ich ihm nicht gerecht werden kann

ich sehe was ich alles tun sollte
alles was ich schon versäumt habe
und alles was ich morgen nicht schaffen werde

ich sehe meine zeitverschwendung
das verbrauchen meiner energie an falscher stelle
und die gedanken
die nicht zu handlungen führen

das macht mir angst
das macht mich unruhig

2

ich weiß daß es für mich eine andere ruhe gibt
als die ruhe
die ich mir so mühsam schaffen muß

die ruhe gottes
befreit uns von den sorgen
über getanes und ungetanes
und wir können wirklich ausruhen
wie gott am siebten tage ausruhte

ich will versuchen
mich in dieser ruhe zu üben
ohne schlechtes gewissen
ohne schuldgefühle
ohne das gefühl etwas zu versäumen

ruhe und glaube hängen so eng zusammen
wie geschäftigkeit und unglaube

mir geht es schlecht

1

mir geht es schlecht
keiner mag mich
alle meiden mich
ich bin allein

alles geht schief
bei der arbeit klappt nichts
zuhause ist alles tot
meine eltern und freunde begreifen nicht
worum es mir geht

ich habe keinen freund
weil alle in cliquen leben
und ich nicht interessant genug bin
um einzudringen in die geschlossenen gruppen
nichts und niemand hilft mir

ich fühle mich elend

2

plötzlich geht es mir auf
daß ich mir selbst leid tue
und daß gerade dies die anderen so abstößt
denn jemand der sich selbst leid tut
versucht den andern zur liebe zu zwingen
und merkt damit nicht
daß liebe nur freiwillig gegeben werden kann

3

mir geht auf
wie ich mein herzchen behüte
und wie dadurch alles noch schlimmer wird
und ich dem leben immer unfähiger gegenüberstehe
und so tatsächlich immer mehr grund bekomme
mir selbst leid zu tun

mir wird der teufelskreis klar
in dem ich mich befinde

4

ich will mich dem leben neu stellen
und auch bereit sein
etwas von dem schweren auf mich zu nehmen
und vielleicht auch hier und da
ein wenig über mich selbst zu lächeln
und wehwechen als wehwechen entlarven

vielleicht kann ich dann
sogar meine einsamkeit mit denen teilen
die sich jetzt von mir abwenden
weil sie mein klagen und meinen jämmerlichen ton
satt haben

meine und seine einsamkeit

1

ich bin so einsam
und ich will mit niemand mehr reden
denn jeder gescheiterte versuch
    mich andern verständlich zu machen
macht mich noch einsamer

mitten in den alltäglichsten handlungen
überfällt mich diese einsamkeit
und ich werde nicht herr über sie
ich sehe nur in mich hinein
und verliere mich da

2

während ich über meine einsamkeit nachdenke
fällt mein blick auf den einsamen mann
an den ich glaube

ich stelle ihn mir vor:
ein mann verzehrt von einem gedanken
  den keiner verstand
ein mann der mit gott lebte
  von dem man aber sagte
  er sei mit dem teufel im bund
ein mann dessen engste freunde
  in seiner größten not einschliefen
ein mann der seine liebe
  mit dem tod bezahlte
ein mann der allein starb
  sogar von seinem vater verlassen
ein mann der grausam starb
  um die einsamkeit aufzuheben

ich weiß daß ich mich einsam fühlen darf
ich weiß daß ich mich auch in meiner einsamkeit
verlieren darf ohne schuldgefühle
aber ich will dabei an den mann denken
der noch einsamer war als ich
und mit ihm will ich meine einsamkeit teilen
weil ich merke daß er seine einsamkeit
mit mir teilen will

er wartet auf mich
er hofft auf mich
und ich weiß
daß ich ohne ihn einsam bleiben werde
auch wenn ich viel freunde habe

3

vieles würde ich einfach nicht lernen
wenn ich nicht einsam wäre

viele menschen blieben mir verschlossen
wenn ich nicht lernte
ihre einsamkeit zu teilen

ohne meine erlebte einsamkeit
wüßte ich gar nicht
daß die einsamkeit
untrennbar zum menschsein gehört

4

ich werde dankbar für meine einsamkeit
und wünsche sie mir nicht mehr weg
denn ich weiß
daß jede richtig erlebte einsamkeit
immer zu gott führt

eine wichtige stimme zu all diesen fragen ist natürlich die bibel selbst. darum folgen hier einige bibelstellen, die mit hineingenommen werden können in das selbstgespräch. manchmal wird es beim ersten hinblicken schwer sein die beziehung zwischen den meditationen und den bibeltexten zu sehen, aber beim meditieren werden sich die zusammenhänge auftun.

sollten meditationen aus diesem buch zum öffentlichen vorlesen verwendet werden, so wäre es auch gut die passenden bibelstellen laut dazu zu lesen als eine art ergänzung oder gegenüberstellung.

zu: *jesus in mir geht es hin und her*
   joh. 16,13   1. tim. 2,4
zu: *sich hingeben*
   ps. 25,4—5   ps. 37,4+7   jer. 31,9   joh. 16,13
   mt. 28,20
zu: *von freude überfallen*
   joh. 16,24   röm. 14,17   1. pet. 1,6—9
zu: *ich suche dich*
   jes. 30,15   ps. 34,19—20   ps. 51,19   jes. 61,1—2
zu: *allein mit jesus*
   ps. 60,13   sirach 6,14—16   mt. 14,23   joh. 8,29
zu: *die stille erpressung*
   spr. 14,13   pred. 7,3—4   röm. 12,15   jak. 4,9—10
zu: *neuer weg oder irrweg?*
   pred. 12,11   2. kor. 3,17—18   gal. 5,13—14
   jak. 1,25
zu: *das schöne schwere miteinander*
   sirach 10,28—32   spr. 10,17—21   jes. 43,4
   phil. 2,3—4
zu: *kurz vor dem aufgeben*
   joh. 16,33   joh. 17,6—19

zu: *christ sein ohne namen*
   mt. 7,21   offbg. 3,1
zu: *zueinander finden*
   1. joh. 2,10   1. joh. 4,20
zu: *klares leben*
   mt. 5,37   kol. 3,9—10
zu: *schlechtes gewissen*
   mt. 6,7   heb. 9,14   heb. 10,22   apg. 5,29
   1. kor. 7,23   eph. 6,7   titus 3,5—7
zu: *enttäuscht von mir selber*
   ps. 146,8   klagel. 3,22—26   joh. 3,21   joh. 15,5
   eph. 6,6—7   heb. 4,9—13
zu: *an falscher stelle gesucht*
   luk. 17,20—21   joh. 18,36a   1. kor. 4,20   kol. 3,1—4
zu: *leiden wollen*
   ps. 34,20   spr. 15,33   phil. 1,29   1. pet. 4,13—16
   2. kor. 1,5   2. kor. 4,8—11   phil. 3,10   heb. 2,10
   gal. 6,17   röm. 8,17
zu: *der anspruch des lebens*
   heb. 4,10—11   mt. 6,34   phil. 4,6   1. pet. 5,7
zu: *mir geht es schlecht*
   2. kor. 7,10   1. pet. 4,16   jak. 4,9—10
zu: *meine und seine einsamkeit*
   ps. 22,2   ps. 25,16—18   jes. 66,13—14   mt. 26,40+56
   mt. 27,46

inhalt

weitere bücher von ulrich schaffer
im oncken und r. brockhaus verlag, wuppertal:

trotz meiner schuld
gedanken und gebete
64 seiten, kartoniert

umkehrungen
gedanken gebete gedichte
64 seiten, kartoniert

kreise schlagen
gedanken gebete gedichte
64 seiten, kartoniert

drei bücher die man nicht in einem zuge durchliest.
man wird getroffen von einer prägnanten formulierung.
man wird gefangen von der kraft der sprache und fin-
det sich plötzlich selbst wieder — »das bin ich ja
in meinem verhältnis zu gott und zu meinen mitmenschen. das sind ja meine eigenen hoffnungen,
wünsche, sehnsüchte und probleme.«
und unversehens wird das lesen zum mitdenken, zum
nachmeditieren, zur eigenen zwiesprache mit gott.

ich will dich lieben
meditationen über die liebe
64 seiten, kartoniert, tweenband 2007

»es ist unter der jugend heute ein sehnen aufgebrochen
nach dem pianissimo, nach der zarten musik, ein offen-
sein für das unausgesprochene, nur angedeutete und
gehauchte, für das ehrfurchtsvolle tasten, das das
geheimnis kennt und — stehen läßt. das vorlie-
gende büchlein kommt dieser sehnsucht entgegen, und
viele offene hände werden danach greifen.«

— aus dem vorwort von walter trobisch

gott was willst du?
nach-denken über psalmen
64 seiten, kartoniert

ein andersartiges buch von ulrich schaffer.
schaffer nimmt die psalmen und setzt sie in die heutige
sprache und in heutige situationen um. er zeigt dabei,
daß die menschen, die die psalmen vor 3000 jahren
schrieben, schon die nöte, fragen und freuden kannten,
die dem menschen, der Jesus heute ernstlich nachfolgt,
so geläufig sind.

ein buch zum alleine meditieren.
ein buch zum vorlesen in gruppe und gemeinde.
ein buch zum weitergeben, auch an die, die mit der bibel
nicht viel anfangen können.

im aufwind

text und fotografie von ulrich schaffer

80 seiten, 40 ganzseitige fotos, format 25 x 25 cm,
oncken verlag wuppertal und kassel

dieses buch führt in die stille, in die meditation der tiefen
fragen unseres lebens. der leser wird ermutigt, in das
gespräch mit sich selbst und mit gott zu treten. der band
weist auf die stille hin, aus der neues leben mit gott er-
wächst.
fotos und texte ergänzen sich auf eine besondere weise,
weil sie zusammen konzipiert worden sind.
ein buch zum nachdenken und weiterdenken.